Worte aus der Wüste

Worte aus der Wüste

herausgegeben und mit einer Einführung von
Michael Albus und Bernardin Schellenberger

KREUZ

Zur Einführung

Konnte sich der Philosoph René Descartes vor vierhundert Jahren mit der Formel »Ich denke, also bin ich« seiner selbst vergewissern, so ließe sich das Selbstverständnis vieler heutiger Zeitgenossen vielleicht eher auf den Spruch bringen: »Ich pflege Kommunikation, also bin ich.« Bei der jüngsten Diskussion um die Gebühren für Telefonate und SMS-Botschaften wurde sogar von einem »Grundrecht unserer Jugendlichen auf ein Handy« gesprochen, da sie ohne ein solches Gerät sozial ausgegrenzt wären und an ihrer Psyche Schaden leiden könnten. Damit würde die Selbst-Definition des auf pausenlose Kommunikation angewiesenen heutigen Menschen noch konkreter: »Ich telefoniere, also bin ich.« Die Möglichkeit, einander von überall her und jederzeit anrufen zu können, scheint umzukippen in den Zwang, sich in immer kürzeren Abständen seiner Zugehörigkeit zu anderen Menschen versichern zu müssen. Das ist eine ganz neue Form der Unfreiheit, des Angewiesenseins auf die Bestätigung durch die anderen, des Verlustes der Fähigkeit, gelegentlich längere Zeit einfach »bei sich selbst zu wohnen« (habitare secum), die Gregor der Große (+ 604) am Mönchsvater Benedikt bewunderte. Damit drohen ganze Erdteile innerer Erfahrung hinter dem Horizont zu versinken, die nur dem erreichbar sind, der sich für längere Zeit in die Wüste des Alleinseins hinauswagt.

In die Wüsten Ägyptens und Syriens hinaus zogen vor 1600 Jahren die freien Menschen, von denen etliche Worte hier vorgestellt werden sollen. Man kann sie zu Recht als eine Art von Pionieren der Erkundung der menschlichen Psyche bezeichnen. Sie legten den Grund für die Entwicklung des Mönchtums im christlichen Kulturkreis, das in einem heute kaum mehr vorstellbaren Ausmaß Jahrhunderte lang die abendländische Kultur prägte und ihr entscheidende Anstöße gab.

Heute noch leben in Afrika, Asien und Lateinamerika breite Schichten der Bevölkerung rund um die Uhr im engen Familien- und Sippenverband, wo physisches wie psychisches Alleinsein so gut wie unmöglich, ja gar nicht erwünscht und erträglich ist. In Europa dagegen wurden ab der Zeit der Wüstenväter Scharen von Menschen darin eingeübt, lange Zeiten allein in ihrer Zelle zu leben: Das war die Erfindung und Kultivierung des »eigenen Zimmers«, der unerlässlichen Bedingung nicht nur für die Entdeckung der eigenen Individualität, sondern auch all dessen, was unzählige Generationen von Mönchen, Philosophen, Schriftstellern und Erfindern zur Entwicklung des Abendlandes beitragen konnten. Schon Descartes' Zeitgenosse Pascal bemerkte, alles Unglück in der Welt rühre daher, dass es immer weniger Menschen fertig brächten, längere Zeit in ihrem Zimmer zu bleiben. In ihren Zimmern bleiben heute viele Menschen, ja sie beanspruchen immer mehr Wohnraum für sich allein. Allerdings sind jetzt die Wände dieser Zimmer dank vielfältiger Kommunikationsmittel ständig durchbrochen, sodass paradoxerweise immer mehr Menschen dauernd allein online sind und anders als in dieser neuen Form von Kollektiv und Masse kaum mehr leben können.

Wenn anderthalb Tausend Jahre alte Fähigkeiten und Weisheiten zu versinken drohen, ist es dringend an der Zeit, sich um sie zu kümmern und sich von ihnen aus den Sackgassen heraushelfen zu lassen, in die man geraten ist. Kein Wunder also, dass in den letzten Jahren das Interesse an den Wüstenvätern zunimmt. Hans Conrad Zander schildert in seinem Buch »Als die Religion noch nicht langweilig war« (Köln 2001) die Geschichte der Wüstenväter geistreich und in literarisch spritziger Form. Der Psychiater Daniel Hell erschließt kompetent »die Wüstenväter als Therapeuten« (»Die Sprache der Seele verstehen«, Freiburg 2002), und Udo Manshausen versteht es sogar überzeugend, »Weisheiten christlicher Eremiten für die heutige Führungspraxis« vorzustellen (»Wüstenväter für Manager«, Wiesbaden 2000).

Mit unserem vorliegenden Buch halten wir uns eher an die Wortkargheit der Wüstenväter: Wir stellen 52 ihrer kurzen Texte in den Raum – für jede Woche des Jahres einen, den man also jeweils eine Woche lang auf sich wirken lassen könnte, vielleicht an den Spiegel oder den Computer geheftet – und geben ihnen lediglich als Überschrift je einen Begriff bei, der als Schlüssel dienen mag. Die Texte sind aus der griechisch-lateinischen Ausgabe bei Migne (PG 65) frisch übersetzt. Wir haben sie mit eindrucksvollen Bildern verbunden, bewusst nicht alle aus der geographischen Wüste, in der die Wüstenväter lebten, denn »Wüste« hat viele Gesichter.

Wer waren die Wüstenväter nun eigentlich genau? Sie traten auf den Plan – oder genauer: Sie zogen aus, sobald die frühe, vom Staat blutig verfolgte junge Christenheit in der zweiten Hälfte des 3. Jahrhunderts erstmals für einige Jahrzehnte Ruhe bekam, und dann erst recht, als seit Kaiser Konstantin das Christentum zur Staatsreligion erhoben wurde. Nach dem langen Überlebenskampf wurden sozusagen Potenzen frei, den Kampfgeist auf neue Gebiete zu konzentrieren, aus dem Instinkt heraus, die christliche Existenz sei grundsätzlich eine kämpferische und dürfe daher (siehe Zander) nie langweilig sein. Eigenartiger Weise wählten sich diese Kämpfer nicht eine bestimmte Menschengruppe und genau genommen auch nicht Gegend aus, sondern eine neue Dimension: ihr eigenes Inneres. Allerdings trennten die Menschen in der Antike noch nicht »Geistiges« und »Physisches« voneinander (eine reine »Virtualität« wäre ihnen unvorstellbar gewesen), sondern sie verbanden jede geistige Realität mit einer physischen, wie das in vielen kirchlichen Traditionen (etwa in den »Sakramenten«) noch heute üblich ist. Folglich zog, wer sich der unheimlichen inneren, leeren Landschaft stellen wollte, in die äußere leere Landschaft hinaus. So erlebten binnen weniger Jahrzehnte die Wüsten Unterägyptens sowie Syriens und Palästinas eine Invasion von Einzelkämpfern, »Anachoreten« (was heute mit »Aussteigern« zu übersetzen wäre), denen es buchstäblich um einen »desert storm« gegen die Besatzer dieser Landstriche ging. Sie stellten sich nämlich vor, dort hausten jene Dämonen, die in Wirklichkeit natürlich in ihren eigenen Seelen steckten. Am bekanntesten für seine Kämpfe mit diesen Dämonen, die er in Träumen und Visionen sah und sogar leibhaftig spürte – einmal schlugen sie ihn ohnmächtig –, ist der Wüstenvater Antonios, eine Persönlichkeit, die man auf alten Altarbildern und von Hieronymus Bosch bis zu Salvador Dalí immer wieder abgebildet findet. Antonios kommt in unserer Textsammlung öfter zu Wort, und ihn zu zitieren ist die überzeugendste Weise, zu zeigen, dass hier nicht Psychopathien wucherten, sondern aus diesen langen symbolischen Kämpfen weise, freie Menschen hervorgingen.

Die Wüstenväter siedelten sich in lockeren Kolonien in abgelegenen Wüstenstrichen an, die jedoch zumindest über eine nicht allzu ferne Wasserquelle und etliche Palmen verfügen mussten. Manche richteten sich in einer Höhle ein, aber die meisten bauten sich in gebührendem Abstand von anderen eine einfache Hütte, gewöhnlich aus dem Material, das die Palmen boten, das »Kellion«, das in den Texten immer wieder genannt wird und als der Ort der Bewährung und Reifung schlechthin gilt. Die Palmen lieferten auch die Grundnahrung der Mönche und das Material, aus dem sie Matten, Körbe und Seile flochten, um sich ihren Lebensunterhalt zu verdienen. Antonios zog sich zwanzig Jahre lang völlig allein in ein verlassenes Wüstenkastell zurück, aber das war etwas Außergewöhnliches. Normalerweise standen diese nicht formell organisierten Individualisten in einem regelmäßigen Austausch untereinander. Sie besuchten einander gegenseitig, um sich über ihre Konflikte, Fragen und Erfahrungen auszutauschen, sie pflegten einander, wenn jemand krank wurde, sie richteten gelegentlich sogar gemeinsame Gottesdienste in eigens gebauten kleinen Kirchen ein. Im Lauf der Zeit kristallisierten sich bestimmte Persönlichkeiten heraus, von denen bekannt war, dass sie über ganz außerordentliche Weisheit und Herzenskenntnis verfügten. Weil viele Menschen aus ihnen geradezu den Geist Gottes sprechen und atmen spürten, erhielten solche Mönche den Titel »pater pneumatikos« oder kürzer: »Abbas«, »Vater«, öfter auch – unabhängig von ihrem physischen Alter – »Altvater«, denn als »Altersmaß« galt die Weisheit, und folglich galt auch ein weiser Junger als »alt« (während heute ein fitter Alter als »jung« gelten will).

Charakteristisch für die Weisesten dieser »Väter« war, dass sie dieses Ansehen ablehnten. Statt sich geschickt zu »vermarkten«, verlegten manche von ihnen auf der Flucht vor Ratsuchenden immer wieder ihren Wohnsitz. Sie waren gegen jede Form der Institution abgeneigt und entwickelten auch keine systematische »Lehre«, sondern beschränkten sich darauf, konkreten Menschen auf den Kopf zu mit knappen Worten zu sagen, was für sie im Augenblick das Richtige und Angemessene sei.

Viele dieser situationsbedingten Aussprüche wurden weitererzählt und im Laufe der Zeit gesammelt. Sie galten als »pneumatische« (vom »Heiligen Geist inspirierte«) Worte. Meistens geben sie eine praktische Antwort auf die Grundfrage: »Wie werde ich gerettet?« – übrigens ein Grund dafür, dass darin auffallend (und vielleicht sogar für uns wohltuend, nach dem inflationären Gebrauch dieses Wortes) wenig von »Gott« die Rede ist, auf den bezogen sie natürlich selbstverständlich lebten. Das Ergebnis war schließlich eine mehrere Tausend Aussprüche und kurze Anekdoten umfassende Sammlung von »Apophtegmata« (»Sprüchen«), aus der für unser Buch hier 52 Perlen herausgegriffen wurden.

Noch einige Sätze zur Geschichte: Die größten Kolonien der Wüstenväter lagen im Wüstengebiet südlich von Alexandria: Nitria an der Grenze von Flussebene und Hochplateau; Kellia in der weiter südlich gelegenen Höhlenlandschaft;

und noch weiter wüsteneinwärts die Sketis. In Palästina gab es südöstlich von Jerusalem die »alte Lavra«, weiter südlich die »neue Lavra«. Eines der ältesten syrischen Zentren lag östlich von Antiochia in der wüstenartigen Chalkis.

Die Blütezeit der Wüstenväter war zwischen 350 und 450, geprägt von großen spirituellen Persönlichkeiten wie Makarios dem Großen und Poimen. Ihre Zahl stieg zeitweise bis auf drei- bis viertausend an. Ab Anfang des 5. Jahrhunderts wurden ihre Kolonien zunehmend von Wüstenstämmen angegriffen und zerstört und gingen bald ganz unter. Die Mönche zogen sich in befestigte Klöster zurück, und es entstanden – dann vor allem in Oberägypten – große Mönchsgemeinschaften, wie sie namentlich Pachomius gründete.

Wenn auch manche von den Geschichten, Worten und Sprüchen der Wüstenväter etwas »alt« aussehen mögen: Der Inhalt, den sie transportieren, ist von höchster Aktualität.

In einer Zeit, in der sich immer mehr Menschen in einem Leben aus zweiter, dritter oder vierter Hand zu verlieren drohen, erweisen sie ihren ursprünglichen Charakter, ihre Unverfälschtheit, ihre Echtheit.

Es gibt viele Versuche, manchmal auch ganz verzweifelte, sich aus den Verstrickungen der so genannten modernen Welt zu lösen und wieder den Weg zum Ursprung zurück zu finden. Manche dieser Versuche, auch wenn sie den Zaubernamen »Esoterik« tragen, der heute schon vielfach die Worte »Religion« und »Theologie« ersetzt hat, erscheinen uns recht oberflächlich und auch zuweilen elitär.

Sie können in vielen Fällen nur von Menschen unternommen werden, die viel Zeit und viel Geld haben. Menschen, die wirklich arbeiten müssen und wollen, die auf der täglichen und nächtlichen Galeere ihres Berufs rudern müssen, damit sie ans andere Ufer kommen, können mit solchen Versuchen nicht sehr viel anfangen. Sie brauchen keine Austern, sie brauchen Schwarzbrot. Genau das aber bieten uns die alten Mönchsväter reichlich an.

Auf der Suche nach einem unverfälschten, sinnvollen Leben kommt es nicht darauf an, auszusteigen, in höhere »mystische« Sphären abzuheben, auf Astralreisen zu gehen. Vielmehr muss man das »richtige Leben im falschen« (Adorno) entdecken, wieder finden. Darauf kommt es an.

Beim Studium und der Betrachtung der alten Texte ist uns noch einmal ganz eindringlich bewusst geworden, in welcher tiefen Spaltung wir heute oft leben, wie sehr wir das alltägliche Leben, den grauen Alltag vom Versuch, ein ganz anderes, »richtiges« Leben zu finden, abgesondert haben. Es gibt aber nur ein Leben. Das allerdings hat seine verschiedenen Zeiten und Gezeiten, seine Gesetzmäßigkeiten, denen wir unterworfen, ja manchmal geradezu ausgeliefert sind. Diese Gezeiten des Lebens kommen wie Ebbe und Flut, wie Tag und Nacht, wie Licht und Dunkel, wie Hunger und Sattheit, wie Durst und Trunkenheit, wie Aufstieg und Abstieg.

Es gibt keinen Unterschied zwischen intensivem Leben und Leben überhaupt. Leben ist eigentlich intensiv, von seinem Anfang bis zu seinem Ende. Dass wir es nicht mehr so empfinden, es als langweilig erfahren, als fad, als vorfabriziert, daran sind wir selber schuld.

Wir haben das Leben langweilig gemacht.

Wir haben das Leben fad werden lassen.

Wir machen immer weniger wirklich selber.

Wir lassen spielen.

Wir lassen servieren.

Wir lassen lesen.

Wir lassen organisieren.

Wir leben aus zweiter und dritter Hand in den Mund.

Wir leben an der Oberfläche.

Wir leben nach Vorgaben, die uns andere geben: Werbung, Konsum, Lifestyle, Outfit, Outdoor, Indoor, Abenteuerreisen, Fastfood …

Es könnte sein, dass viele Menschen das einfach satt haben. Und deswegen nach mehr verlangen.

Im Grunde ist es ja ganz natürlich, dass wir intensiv und »frei« leben wollen. Ganz natürlich, das heißt, wörtlich genommen, uns angeboren. Deshalb bricht diese Veranlagung auch immer wieder als große Sehnsucht, als heißer Wunsch durch, wenn sie behindert wird, abgewürgt zu werden droht durch Angebote über Angebote, durch Serviceleistung über Serviceleistung, durch Kick über Kick.

Es muss doch mehr als alles geben! Sonst würden wir doch nicht ein Verlangen nach intensivem Leben haben. Diese Behauptung stellen wir einfach einmal auf. Wenn das nicht so wäre – so unsere Überzeugung –, hätte der Wunsch nach Freiheit und Weite des Lebens keinen Sinn, wäre nur ein Drehen im Kreis, Rennen im Käfig, Sprung in den Abgrund, High bis zum Umfallen. Allenfalls der Tod wäre dann noch intensiv.

Was also heißt intensiv leben?

Intensiv leben heißt:

Ich will ich selber sein.

Unverstellt.

Nicht verfremdet und entfremdet.

Nicht durch Kommerz enteignet.

Nicht nach der Pfeife der Animateure tanzend.

Nicht Zuschauer sein.

Handeln.

Hand anlegen.

Ruhig.

Unruhig.

Schnell zuweilen.

Langsam auch.

Bedächtig.

Dazu gehört – auch das lehren uns die alten Väter – nicht nur mein Geist, meine Seele. Nein: Mein Körper gehört dazu. Auch er hat Sehnsucht. Auch er will berührt werden.

Von Wilhelm Busch, der nicht nur ein Komiker war, stammt der Vers:

»Die Seele schwingt sich in die Höh' juchhe!

Der Leib bleibt auf dem Kanapee.«

So geht das mit Sicherheit nicht, wie viele schon schmerzlich erfahren mussten und noch erfahren werden. Wenn nämlich der Leib nicht an dem Unternehmen beteiligt wird, spüren wir sehr schnell, dass die Grenzen der ersehnten Freiheit relativ eng gezogen sind; dass sich früher die neue Langeweile einstellen wird, als uns lieb und teuer ist; dass manche Abgründe doch zu tief und manche Gipfel doch zu hoch für uns sind.

Der Versuch, ein freier Mensch zu werden, ist kein Exklusivunternehmen für Auserwählte, zu Höchstem Berufene, für Astralkörper genau so wenig wie für reine Geistesriesen. Das kann jede und jeder – und will es auch, hat Verlangen danach, berechtigtes Verlangen, natürliches Verlangen.

Intensiv leben, frei leben heißt jetzt leben. Nicht vorher, nicht erst nachher, nicht nur an besonderen Tagen oder in extremen Nächten. Nein, jetzt! Da, wo ich bin. Da, wo ich liege. Da, wo ich sitze, gehe, stehe, falle, aufstehe, auferstehe.

Ein in der Meditation erfahrener Mann, es kann natürlich auch eine Frau gewesen sein, wurde einmal gefragt, warum er trotz seiner vielen Beschäftigungen immer so gesammelt sein könne.

Er sagte: »Wenn ich stehe, dann stehe ich. Wenn ich gehe, dann gehe ich. Wenn ich sitze, dann sitze ich. Wenn ich esse, dann esse ich. Wenn ich spreche, dann spreche ich …«

Da fielen ihm die Fragesteller ins Wort und sagten:

»Das tun wir auch. Aber was machst du noch darüber hinaus?«

Er sagte wieder:

»Wenn ich stehe, dann stehe ich. Wenn ich gehe, dann gehe ich. Wenn ich sitze, dann sitze ich. Wenn ich esse, dann esse ich. Wenn ich spreche, dann spreche ich. Wenn ich bete, dann bete ich …«

Wieder sagten die Leute:

»Das tun wir doch auch!«

Er aber sagte zu ihnen:

»Nein. Wenn ihr betet, dann seid ihr schon wieder bei euren Geschäften. Wenn ihr sitzt, dann steht ihr schon. Wenn ihr steht, dann lauft ihr schon. Wenn ihr lauft, dann seid ihr schon am Ziel …«

Das können wir auch von den freien, ein wenig verrückten, nicht ganz normalen alten Vätern lernen.

Und noch etwas: Der absolut realistischen, gewichtigen, belastenden Versuchung zu widerstehen, anders zu reden, als zu sein, anders zu denken, als zu handeln, immer wieder neue Alibis zwischen Anspruch und Wirklichkeit unseres Lebens zu platzieren.

Glaubwürdigkeit ist eines der stärksten Argumente, die aus den kurzen Geschichten der Wüstenmänner aufscheinen.

Sie fordern uns heraus, sie können uns reizen, das schier Unmögliche immer wieder neu zu versuchen, immer wieder einen neuen Anlauf zu nehmen, den Mut nicht zu verlieren, auch den Schwung nicht, der zu einem solchen Unternehmen unbedingt und bedingt dazu gehört.

Uns kam es darauf an, ein paar verborgene Schätze aus der reichen Tradition des christlichen Glaubens wieder ans Licht zu bringen, offen zu legen. Wir haben dabei auch festgestellt, dass die Tradition der frühen Christen kein elitäres Sondergut darstellt, sondern allgemein menschlich ist.

Dass das heute erst einmal wieder in Erinnerung gerufen werden muss, hat auch eine der Ursachen in der Geschichtsvergessenheit der christlichen Kirchen, auch in ihrer Besitzgier, die Tradition nur als ihre eigene zu bewahren, anstatt sie zu übersetzen, sie auszuteilen, sie herzugeben.

Mit dieser Tradition muss es so gehen, wie im letzten Kapitel des letzten Buches der Bibel, der Apokalypse, der Offenbarung des Johannes, zu lesen ist. Nachdem Bilder über Bilder über die Welt und den Menschen, über Zorn und Liebe, über Schuld und Vergebung, über Geduld und Ungeduld entfaltet worden sind, überwältigende, mächtige Bilder, heißt es dort:

Und er zeigte mir einen Strom, das Wasser des Lebens, klar wie Kristall; er fließt vom Thron Gottes und des Lammes her. In der Mitte des Platzes der Stadt und in der Mitte des Stromes zu seinen beiden Seiten steht der Baum des Lebens. Er trägt zwölfmal Früchte: Jeden Monat bringt er seine Frucht, und die Blätter des Baumes heilen die Völker.

Wir wünschen Ihnen, liebe Leserinnen und liebe Leser, dass Sie etwas von dieser kristallenen Klarheit, von diesem fließenden Wasser, diesem erfrischenden Strom in den 52 Kurztexten, in den Worten freier Menschen spüren und für Ihr eigenes Leben lebendig werden lassen können. Es wäre ein Geschenk für uns. Und für Sie.

Michael Albus   Bernardin Schellenberger

Worte aus der Wüste

Jemand drang auf der Jagd
nach wilden Tieren in die Wüste vor.
Da stieß er auf den Abbas Antonios und einige
seiner Brüder, die gerade lachend miteinander
ein Spiel veranstalteten. Das fand er sehr befremdlich.
Da forderte ihn der Altvater auf:
»Lege einen Pfeil auf deinen Bogen und spanne!«
Er spannte seinen Bogen.
Antonios wies ihn an: »Spanne noch stärker!«
Da entgegnete der Jäger:
»Wenn ich ihn überspanne, bricht der Bogen.«
Da sprach der Abbas: »So ist es auch
mit dem spirituellen Leben. Wenn man den Brüdern
eine zu große Spannung zumutet, zerbrechen sie bald.«

Spannung

Gewinn

Der Erzbischof Theophilos
kam einmal in die Sketis.
Die Brüder versammelten sich
und sagten zum Abbas Pambo:
»Halte dem Bischof eine Ansprache,
damit er von seinem Besuch hier
einen Gewinn hat!«
Aber der Altvater erwiderte ihnen:
»Wenn er aus meinem Schweigen
keinen Gewinn zieht,
wird er auch keinen Gewinn haben,
wenn ich etwas sage.«

Schweigen

Abbas Poimen sagte:
»Da ist ein Mensch, der scheint zu schweigen,
aber sein Herz verurteilt andere.
Er redet in Wirklichkeit ununterbrochen.
Und da ist ein anderer, der redet von früh bis spät,
und doch wahrt er das Schweigen,
weil er darauf achtet, nichts Nutzloses zu reden.«

Fragen

Ein Bruder kam zum Abbas Poimen
und sagte zu ihm: »Was soll ich tun?«
Der Altvater gab ihm zur Antwort:
»Geh zu einem, der gemeinsam mit dir fragt:
›Was will ich?‹, und du wirst Ruhe haben!«

Wenn ein Bruder zum Abbas Makarios
wie zu einem Heiligen und Weisen kam
und ihm große Ehrfurcht erwies,
dann sprach der Abbas nicht mit ihm.
Kam aber einer der Brüder und fragte ihn,
wie um ihn herabzusetzen:
»Abbas, sag doch, wie war das damals,
als du noch ein Kameltreiber warst
und Natron stahlst und es verkauftest?
Haben dich da die Aufseher nicht erwischt
und verprügelt?«,
dann antwortete er ihm auch mit Freuden,
falls er ernsthaftere Fragen stellte.

Größe

Der Abbas Poimen bat den Abbas Joseph:
»Sage mir, wie ich ein echter Mönch werde!«
Er gab ihm zur Antwort:
»Wenn du Ruhe finden willst, hier und dort,
dann frage dich bei jeder Handlung:
›Ich – wer bin ich?‹, und richte niemand!«

Rückfrage

Narren

Der Abbas Antonios sagte:
»Es kommt eine Zeit,
da verlieren die Leute den Verstand.
Wenn sie dann einen finden,
der nicht den Verstand verloren hat,
fallen sie über ihn her und schreien ihn an:
Du hast den Verstand verloren,
denn du bist nicht wie wir!«

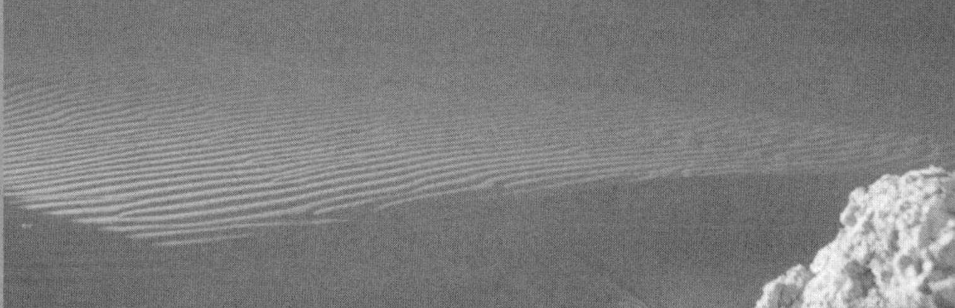

Abbas Antonios sagte öfter:
»Früher zogen die Mönche in die Wüste
und machten dort nicht nur sich selber gesund,
sondern sie wurden auch noch Ärzte für andere.
Geht heute einer von uns in die Wüste,
dann will er andere früher heilen als sich selbst.
Kein Wunder, dass sich unsere Krankheiten
nur steigern und unsere letzten Dinge
schlimmer als die ersten werden.
Wir sollten uns wieder an den Spruch halten:
›Arzt, heile zuerst dich selber!‹«

Reihenfolge

Ein Bruder, der von einem anderen Bruder
beleidigt worden war,
kam zum Abbas Sisoes und sagte zu ihm:
»Ein Bruder hat mich schwer beleidigt,
und ich kann mir das nicht gefallen lassen.«
Der Altvater jedoch redete ihm zu:
»Mein Kind, überlass doch Gott die Rache!«
Der Bruder aber erwiderte:
»Ich werde keine Ruhe geben,
bis ich mich gerächt habe!«
Das forderte ihn der Abbas auf:
»Bruder, komm, wir wollen beten!«
Und er erhob sich und sprach:
»O Gott, wir haben dich nicht mehr nötig.
Du brauchst nicht mehr für uns zu sorgen.
Wir verschaffen uns schon selbst unsere Rache!«

Rache

Scharfblick

Der Abbas Dulas sagte:
»Wenn der Feind uns drängt,
die Herzensruhe aufzugeben,
dann lasst uns nicht auf ihn hören.
Nichts ist nämlich ihr
und dem Fasten gleich.
Beide stärken sich gegenseitig
im Kampf gegen ihn,
denn sie verleihen
den inneren Augen Scharfblick.«

Anstrengung

Ein Bruder bat den Abbas Antonios:
»Bete für mich!«
Der Altvater erwiderte ihm:
»Weder ich habe Erbarmen mit dir,
noch hat es Gott,
wenn du dir nicht selbst Mühe gibst
und Gott bittest!«

Abbas Poimen sagte:
»Den Nächsten belehren sollte nur,
wer über einen gesunden Menschenverstand verfügt
und seine Leidenschaften im Griff hat.
Denn was für einen Sinn hätte es,
das Haus eines anderen zu bauen,
während das eigene in Trümmern liegt?«

Lehrbefugnis

Seelenwerkzeug

Abbas Poimen sagte:
»Sich vor Gott niederwerfen,
sich selbst nicht messen
und den Eigenwillen hinter sich werfen:
Das sind die Werkzeuge der Seele.«

Zum Abbas Theodor kam einmal ein Bruder
und begann, zu reden und Urteile abzugeben
über Dinge, in denen er noch nicht erfahren war.
Schließlich sagte der Altvater zu ihm:
»Noch ist dein Schiff nicht eingelaufen,
noch hast du dein Gepäck nicht an Bord gebracht,
noch bist du nicht abgesegelt –
und doch bist du schon in jener Stadt angelangt.
Tu zuerst dein Werk, dann komm und rede darüber
in der Art, wie du das jetzt tust.«

Urteile

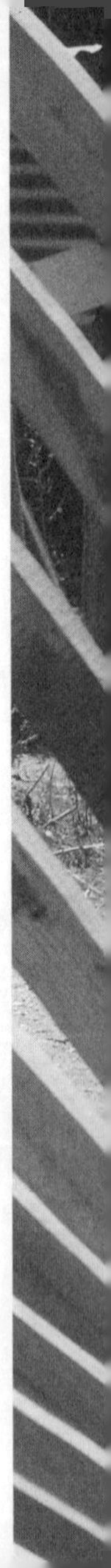

Freiheit

Der Abbas Theodor von Pherme sagte: »Ein Mensch, der ernsthaft an sich arbeitet, ist an kein Gebot gebunden.«

Einige Mönche kamen zum Abbas Poimen
und fragten ihn: »Immer wieder sehen wir
beim Gottesdienst Brüder einnicken.
Willst du, dass wir ihnen einen Stoß geben,
damit sie beim nächtlichen Gebet wach bleiben?«
Er gab zur Antwort: »O nein!
Wenn ich einen Bruder einnicken sehe,
dann lege ich seinen Kopf auf meine Knie
und lasse ihn ruhen.«

Weisheit

Ruhm

Abbas Silvanos vertrat:
»Wehe dem Menschen,
dessen Name größer wird
als sein Werk!«

Abbas Johannes Kolobos sagte:
»Ein Haus kann man unmöglich
von oben nach unten bauen.
Es muss vom Grund aus in die Höhe.«
Da fragten ihn die Brüder:
»Was ist der Sinn dieses Wortes?«
Er erklärte ihnen:
»Der Grundstein ist der Mitmensch.
Ihn muss man gewinnen.
Er muss am Anfang stehen.
Darauf bauen alle anderen Weisungen
des Herrn auf.«

Anfang

Wellenlänge

Abbas Poimen vertrat:
»Zu wem dein Herz
nicht voll und ganz hinströmt,
an den hänge dich nicht
mit deinem Herzen.«

Ursache

Ein Altvater sagte:
»Wir kommen deshalb im Guten nicht voran,
weil wir nicht Maß zu halten verstehen.
Außerdem fehlt uns bei den Arbeiten,
die wir anfangen, die Geduld.
Wir möchten die Tugend ohne Mühe erlangen.«

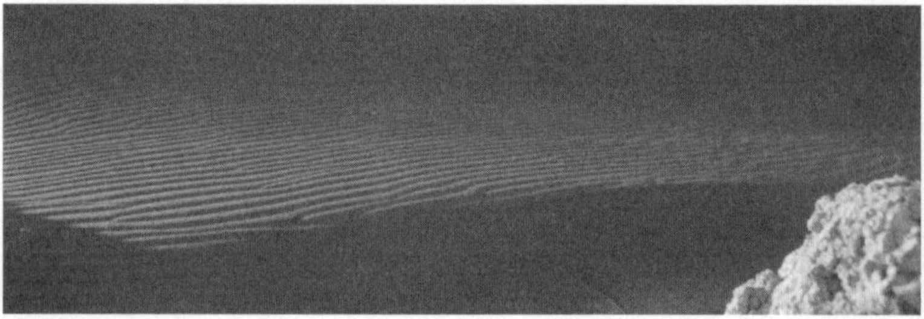

Abbas Isidor von Pelusium äußerte:
»Wer richtig lebt, ohne zu reden,
kann euch mehr nützen
als wer redet, ohne richtig zu leben.
Der erstere nützt euch durch sein Schweigen,
der andere wird euch lästig
durch sein aufdringliches Reden.
Wenn aber Reden und richtiges Leben
zusammenwirken,
dann ergibt sich ein Wunder an Lebensweisheit.«

Wirkung

Rettung

Abbas Pambo sagte: »Hast du ein Herz? Dann kannst du gerettet werden!«

Ein hochgebildeter Mensch fragte den Abbas Antonios:
»Vater, wie hältst du es aus,
ganz ohne den Trost der Bücher zu sein?«
Der gab ihm zur Antwort:
»Mein Buch ist die Natur der geschaffenen Dinge.
Sooft ich den Wunsch verspüre, die Worte Gottes zu lesen,
sehe ich sie aufgeschlagen vor mir liegen und lese darin.«

Lesen

Abbas Elias sagte: »Eine gewaltige Kraft
hat die Sünde, wo Reue ist.
Was nützt dagegen die Liebe,
in der Überheblichkeit steckt?«

Umwertung

Ein Bruder fragte einst einen Altvater:
»Meine Gedanken irren ständig umher.
Das betrübt mich.«
Der Altvater gab ihm die Antwort:
»Bleib einfach in deinem Kellion.
Deine Gedanken werden sich wieder sammeln.
Sie sind wie das Füllen einer Eselin:
Wenn diese irgendwo angebunden wird,
springt das Füllen bald dahin, bald dorthin,
aber es kehrt doch immer wieder
zu seiner Mutter zurück.
So werden auch die Gedanken dessen,
der geduldig in seinem Kellion bleibt,
zwar umherschweifen,
aber dennoch wieder zu ihm zurückkehren.«

Bleiben

Misstrauen

Abbas Jesaja wurde gefragt, was die Habsucht sei.
Er gab zur Antwort:
»Nicht darauf vertrauen, dass Gott für dich sorgt,
sondern den Verheißungen Gottes misstrauen
und sich selbst immer mehr ausbreiten wollen.«

Tat

Abbas Jakob vertrat:
»Wir brauchen nicht nur Reden.
Es gibt viel Reden unter den Menschen in dieser Zeit.
Was Not tut, ist die Tat. Sie wird gesucht,
nicht Reden, die keine Frucht bringen.«

Einmal kam eine Gruppe von Altvätern
zum Abbas Antonios,
darunter auch der Abbas Joseph.
Antonios wollte sie auf die Probe stellen,
legte ihnen ein Wort aus der Schrift vor und begann,
sie, angefangen bei den Jüngeren,
der Reihe nach zu fragen, was das Wort bedeute.
Jeder gab seine Antwort, so gut er es konnte,
und jedem entgegnete er:
»Du hast es noch nicht gefunden.«
Als Letzten fragte er den Abbas Joseph:
»Was sagst denn du, dass dieser Spruch bedeute?«
Dieser gab zur Antwort: »Ich weiß es nicht.«
Da sprach der Abbas Antonios:
»Seht, Abbas Joseph hat den Weg gefunden,
indem er sagte: ›Ich weiß es nicht.‹«

Wissen

Wegweiser

Abbas Poimen sagte: »Umsichtig sein,
auf sich selbst achten
und die Unterscheidungsgabe üben:
Diese drei Tugenden weisen der Seele den Weg.«

Ein Bruder fragte den Abbas Matoe:
»Was soll ich tun?
Meine Zunge macht mir Schwierigkeiten!
Sooft ich unter den Menschen bin,
kann ich sie nicht bändigen.
Ich habe sogar an jedem guten Werk
etwas auszusetzen und tadle es.
Was soll ich nur tun?«
Der Altvater gab ihm zur Antwort:
»Wenn du dich nicht beherrschen kannst,
dann fliehe in die Einsamkeit,
denn sie ist für die Schwachen.
Wer mit vielen anderen zusammenwohnen will,
darf nicht viereckig sein. Er muss rund sein,
damit er sich allen zuwenden kann.«
Und der Altvater bekannte von sich:
»Ich sitze nicht aus Tugend in der Einsamkeit,
sondern aus Schwäche.
Die Starken gehen unter die Menschen.«

Schwäche

Flucht

Abbas Nisteroos der Große wanderte einmal
mit einem Bruder durch die Wüste.
Da stießen sie auf einen Drachen und ergriffen die Flucht.
Der Bruder sagte zu ihm:
»Was, auch du, Vater, fürchtest dich?«
Der Altvater antwortete ihm: »Ich fürchte mich nicht.
Ich fliehe vor der leeren Eitelkeit.«

Ziel

Ein Altvater wurde gefragt, was man tun könne,
um nicht Anstoß zu nehmen,
wenn man sehe, dass manche anfingen,
ein Ideal zu verfolgen,
jedoch nach einiger Zeit davon abließen
und sich wieder ihrer Umgebung anpassten.
Der gab zur Antwort, man solle die Hunde
auf der Hasenjagd beobachten.
Nur der Hund, der den Hasen gesehen habe,
verfolge ihn hartnäckig.
Alle anderen Hunde liefen nur diesem Hund nach,
weil sie ihn hätten laufen sehen.
Das täten sie aber nur so lange, bis sie müde würden.
Dann kehrten sie um,
während der erste, der den Hasen
tatsächlich gesehen habe,
ihn weiter verfolge, bis er ihn gefasst habe.

Er lasse sich von nichts in seinem Lauf abhalten,
auch nicht von der Tatsache,
dass alle anderen Hunde aufgegeben hätten.
Weder Abgründe, Wälder oder dichtes Gestrüpp,
noch kratzende Dornen und Wunden
könnten diesen Hund entmutigen,
bis er den Hasen fasse.

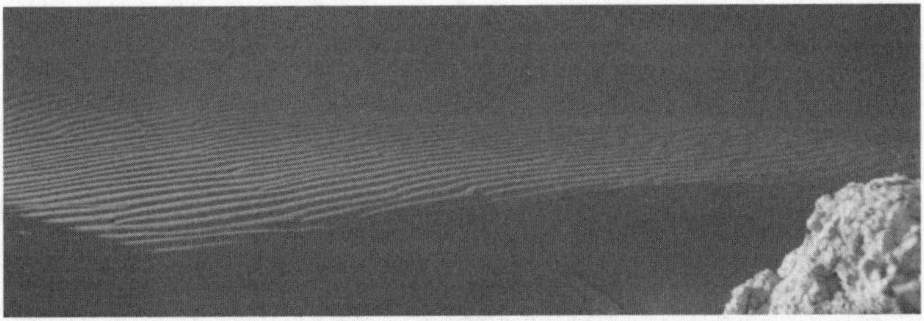

Abbas Paulos und Abbas Timotheos
weilten in der sketischen Wüste
und wurden von den Brüdern überlaufen.
Schließlich sagte Abbas Timotheos
zu seinem Bruder:
»Ist das überhaupt noch fruchtbar?
Man lässt uns den ganzen Tag
nicht zur Ruhe kommen.«
Da gab ihm Abbas Paulos zur Antwort:
»Wenn unser Sinn wach ist,
genügt uns die Ruhe der Nacht.«

Alltag

Logik

Serapion, einer von den Mönchen,
besaß nichts als ein Evangelienbuch.
Er verkaufte es und gab den Erlös den Armen.
Dabei sprach er die denkwürdigen Worte:
»Ich habe das Wort verkauft, das mir immer zurief:
›Verkaufe alles, was du hast, und gib es den Armen!‹«

Ein Bruder fragte einen Altvater:
»Ich kenne zwei Brüder, von denen sich
der eine in seinem Kellion um Ruhe bemüht,
regelmäßig sechs Tage am Stück fastet
und sich schwere Arbeiten auflädt.
Der andere hingegen dient den Kranken.
Welcher von beiden handelt Gott wohlgefälliger?«
Der Altvater gab zur Antwort:
»Selbst wenn jener, der sechs Tage lang fastet,
sich auch noch an der Nase aufhängen würde,
käme er doch nicht an den anderen heran,
der den Kranken dient.«

Spitzenleistung

Abbas Poimen sagte:
»Im Evangelium steht geschrieben:
›Wer einen Mantel hat, der verkaufe ihn
und kaufe sich ein Schwert.‹
Das heißt: Wer Ruhe hat, der gebe sie auf,
und er gehe den steilen Weg.«

Aufbruch

Feingefühl

Der Abbas Johannes stieg einmal
mit anderen Brüdern unter Führung
eines Wegkundigen von der Sketis herab.
Da verirrte sich ihr Führer,
weil es stockfinster geworden war.
Die Brüder sagten zum Abbas Johannes:
»Vater, was sollen wir tun?
Der Bruder hat den Weg verloren.
Womöglich kommen wir
bei diesem Umherirren um!«
Der Altvater antwortete ihnen:
»Wenn wir es ihm sagen, dann verletzt
und beschämt ihn das.

Aber wisst ihr was?
Ich will mich erschöpft stellen und sagen:
›Ich kann nicht mehr weitergehen.
Ich bleibe bis zum Morgen hier.‹«
So machte er es.
Da sagten die anderen:
»Auch wir gehen nicht mehr weiter,
sondern bleiben bei dir sitzen.«
So blieben sie bis zum Morgen sitzen,
und der Bruder wurde nicht beschämt.

Meister

Ein Bruder fragte den Abbas Poimen:
»Mit mir wohnen andere Brüder.
Willst du, dass ich ihnen
genaue Anweisungen erteile?«
Der Altvater wies ihn an:
»Nein, erfülle lieber zuerst
selbst deine Aufgabe!
Wenn sie leben wollen,
werden sie von allein auf dich sehen.«
Da entgegnete der Bruder:
»Sie wünschen es aber ausdrücklich,
dass ich ihnen Anweisungen gebe.«
Der Altvater erwiderte:
»Nein, werde ihnen nicht Gesetzgeber,
sondern Vorbild!«

Umstellung

Abbas Longinos legte dem Abbas Lukios
drei Gedanken zur Unterscheidung vor.
»Ich möchte auf Wanderschaft gehen.«
Der Altvater sagte dazu:
»Solange du nicht Herr über deine Zunge wirst,
magst du wandern, wohin du willst,
und bist doch kein Fremdling.
Beherrsche deine Zunge, und du bist ein Fremdling.«
Darauf sagte der Bruder:
»Ich will fasten.«
Der Altvater erwiderte:
»Der Prophet spricht: ›Wenn du deinen Kopf
hängen lässt wie eine Binse,
ist das etwa ein Fasten, das dem Herrn gefällt?‹.
Beherrsche lieber deine schlechten Gedanken.«

Da brachte er den dritten Punkt vor:
»Ich will die Menschen fliehen.«
Der Altvater meinte dazu:
»Solange du nicht mit den Menschen zurechtkommst,
kannst du auch nicht
mit der Einsamkeit zurechtkommen.«

Feuer

Abbas Lot besuchte den Abbas Joseph
und sagte zu ihm:
»So gut ich kann, verrichte ich
mein liturgisches Stundengebet,
halte mein Essen knapp und faste,
übe das persönliche Gebet und die Betrachtung
und bemühe mich um die Herzensruhe,
und ich halte mich soweit möglich
von Gedanken rein. Was soll ich noch weiter tun?«
Da erhob sich der Alte
und streckte seine Hände zum Himmel hinauf.
Seine Finger wurden wie zehn Feuerlampen,
und er sprach zu ihm:
»Erst dann bist du Mönch,
wenn du ganz wie Feuer wirst!«

Gegenbewegung

Abbas Makarios der Große in der Sketis
sagte beim Verlassen des Gottesdienstes
zu den Brüdern: »Flieht, Brüder!«
Da sagte einer von den Alten zu ihm:
»Wohin sollen wir denn
in dieser Wüste noch weiter fliehen?«
Makarios legte ihm
den Finger auf den Mund und sprach:
»Das flieht!«

Einer von den Vätern fragte den Abbas Nisteroos,
den Großen:
»Welche gute Tat soll ich ausführen?«
Der gab ihm zur Antwort:
»Sind nicht alle Tätigkeiten gleich?
Abraham war gastfreundlich – und Gott war mit ihm.
Elija liebte die Herzensruhe – und Gott war mit ihm.
David war demütig – und Gott war mit ihm.
Tu das, wovon du siehst,
dass es deine Seele im Einklang mit Gott will.
Dann wirst du dein Herz im Frieden bewahren.«

Echtheit

Einmal waren Abbas Daniel und Abbas Ammoes
wieder gemeinsam unterwegs.
Da sagte Abbas Ammoes:
»Vater, wann werden auch wir uns endlich
fest in einem Kellion niederlassen?«
Abbas Daniel gab ihm zur Antwort:
»Wer kann uns denn in der Gegenwart
Gott wegnehmen? Gott ist im Kellion,
und Gott ist genauso außerhalb des Kellion!«

Allgegenwart

Ein Bruder saß in seinem Kellion.
Die Einsamkeit versetzte ihn in Unruhe.
Da ging er zum Abbas Theodor von Pherme
und sagte es ihm. Der wies ihn an:
»Steh zu deiner Schwäche, geh zu den anderen
und ordne dich ihnen unter!«
Nach einiger Zeit kam der Bruder wieder
zum Altvater zurück und gestand ihm:
»Auch unter den Menschen finde ich keine Ruhe!«
Darauf sagte der Altvater:
»Wenn du allein nicht zur Ruhe kommst
und auch unter den anderen nicht,
warum bist du dann Mönch geworden?
Etwa nicht, um Schwierigkeiten auszuhalten?

Realismus

Sage mir: Wie viele Jahre trägst du schon
das Mönchsgewand?« Der Bruder sagte: »Acht.«
Da entgegnete ihm der Altvater:
»Schau, ich zähle siebzig Jahre in diesem Kleid,
und keinen Tag habe ich Ruhe gefunden –
und du mit deinen acht Jahren erwartest,
Ruhe zu haben?«

Auge

Der Abbas Bessarion sagte beim Sterben:
»Der Mönch muss sein
wie die Cherubim und Seraphim: ganz Auge!«

Einfalt

Zwei Altväter bewohnten gemeinsam
ein Kellion und hatten sich noch nie
auch nur im Geringsten entzweit.
Eines Tages sagte der eine zum anderen:
»Komm, lass uns auch einmal einen Streit anfangen
wie andere Leute.«
Der andere entgegnete:
»Ich weiß aber nicht, wie Streit entsteht.«
Hierauf antwortete jener:
»Also schau her, ich lege hier einen Ziegelstein
in die Mitte und sage: ›Der gehört mir.‹
Darauf sagst du: ›Nein, er gehört mir!‹
Und daraus entsteht dann Streit und Zank.«

So taten sie es.

Der eine legte den Stein in die Mitte und sagte:

»Der gehört mir und nicht dir!«

Der andere antwortete: »Ich glaube aber, er gehört mir!«

Hierauf sagte der erste wieder:

»Nein, er gehört mir und nicht dir!«

Da sagte der zweite: »Wenn er wirklich dir gehört,

dann nimm ihn eben!«

Damit war ihr Streit gescheitert.

Entsprechung

Abbas Mios sprach:
»Gehorsam steht für Gehorsam.
Wenn einer Gott gehorcht,
gehorcht Gott auch ihm.«

Ein Bruder kam in die sketische Wüste
zum Abbas Moses und begehrte von ihm
ein Wort der Weisung. Der Altvater sagte zu ihm:
»Fort! Geh in dein Kellion! Setze dich dort nieder!
Das Kellion wird dich alles lehren.«

Lernen

Abbas Poimen sagte:
»Bist du ein Freund des Schweigens,
so wirst du an jedem Ort,
an dem du wohnst, Ruhe haben.«

Unabhängigkeit

Unterscheiden

Abbas Ammonas sagte:
»Da trägt einer seiner Lebtag die Axt mit sich herum,
ist aber zu ungeschickt, einen Baum zu fällen.
Ein anderer versteht sich auf das Fällen
und legt mit wenigen Streichen den Baum um.«
Und er erklärte, die Axt bedeute die Unterscheidungsgabe.

Drei von den Vätern kamen
ihrer Gewohnheit gemäß
jährlich einmal zum Abbas Antonios.
Die beiden ersten stellten ihm Fragen
über die Gedanken und über das Heil der Seele.
Der Dritte schwieg und stellte keine Frage.
Es war schon spät, als ihn schließlich
der Abbas Antonios ansprach:
»Siehe, jetzt kommst du schon
so lange Zeit hierher und fragst mich nie etwas.«
Er aber gab zur Antwort:
»Mir genügt es, dich zu sehen, Vater!«

Genügsamkeit

Einmal starb in der Sketis ein Altvater.
Die Brüder umstanden sein Lager,
um ihm beizustehen und ihn zu beweinen.
Er aber schlug die Augen auf und lachte,
schlug noch einmal die Augen auf
und lachte ein zweites Mal
und tat das Gleiche noch ein drittes Mal.
Da fragten ihn die Brüder:
»Vater, sage uns, warum lachst du,
während wir weinen?« Der Altvater antwortete:
»Zum ersten Mal habe ich gelacht,
weil ihr alle den Tod fürchtet.
Zum zweiten Mal, weil ihr nicht bereit seid.
Und zum dritten Mal, weil ich von der Mühsal
zur Ruhe übergehe.«

Lachen